Lo que significa ser
LLAMADOS . . .
RESPONSABLES

Henry Blackaby
Joyce Mitchell

Traducido por Antonieta López

Unión Femenil Misionera
Birmingham, Alabama

Unión Femenil Misionera
P. O. Box 830010
Birmingham, AL 35283-0010

© 1991 Unión Femenil Misionera

Derechos reservados. Primera Edición 1991
Impreso en los Estados Unidos de América

Clasificación, Sistema Decimal Dewey: 248.4
Temas: VIDA CRISTIANA
        MINISTERIO CRISTIANO

Si no se indica de otra manera, el texto bíblico es de la versión Reina Valera
Revisada, Sociedades Bíblicas en América Latina, 1960. Usado con permiso.

Llamados . . . Responsables (03-310) es el texto para un curso en el área de
desarrollo y servicio cristianos del Curso de Estudio de la Iglesia.

L913118 • 2.5M • 0591

ISBN: 1-56309-038-4

CONTENIDO

Parte 1

Henry Blackaby

INTRODUCCION

¡Es admirable! El Creador del Universo nos llama a una relación especial con El. A una relación personal y real. Esta verdad la encontramos en la Biblia (Efesios 1:4; Salmo 139:13-16). Cuando esta verdad llega a la persona hay un cambio. Tiene un profundo sentido de propósito como mayordomo de Dios. Dios le dijo a Jeremías: "Antes que te formase en el vientre te conocí, y antes que nacieses te santifiqué" (Jeremías 1:5). Dios le explicó el significado y esto afectó su vida. El apóstol Pablo dijo: "me apartó desde el vientre de mi madre" (Gálatas 1:15). Parte del libro de los Hechos es la historia de este llamamiento. Leamos 2 Corintios 5:15 y veamos que Pablo estaba convencido de la verdad que expresa este texto. Su responsabilidad ante Dios era tan firme que dijo: "Por la gracia de Dios soy lo que soy . . ." (1 Corintios 15:10).

En el Nuevo Testamento se llama al creyente "llamado," "escogido," "apartado"—y esta verdad nos va a guiar en nuestro estudio. Pero una pregunta clave para comenzar este estudio es ¿Por qué nos llama Dios? La respuesta nos ayudará a comprender:

1. ¿Qué significa el llamamiento?
2. ¿Quiénes son los llamados?
3. ¿Cómo soy llamado?
4. ¿Cuándo soy llamado?
5. ¿Cómo vivo el llamado?

¿POR QUE NOS LLAMA DIOS?

1. Toda la Biblia nos dice que Dios escogió trabajar con los suyos para alcanzar Su propósito en el mundo. El pudo haberlo hecho solo; pero no lo hizo así. La Biblia nos enseña que Dios llamó a las personas y cuando respondieron, Dios trabajó poderosamente a través de ellas para lograr Su propósito.

2. Ese llamado no es temporal; es permanente. Fuimos creados a Su imagen (Génesis 1:26-30). Esto incluye vivir eternamente. Jesús lo dijo (Juan 6:47; Lucas 22:29-30). Pablo lo confirmó (Efesios 2:6; Romanos 8:17). Juan afirmó que "reinarán por los siglos de los siglos" (Apocalipsis 22:5). Entonces, en esta vida nos preparamos para la eternidad. Este fue el propósito de Dios desde antes de la fundación del mundo.

3. La meta de Dios es hacernos "conformes a la imagen de su Hijo" (Romanos 8:28-30). Esto es, desarrollar el carácter. Esta verdad trae consigo el por qué somos llamados por Dios. El carácter se desarrolla en nuestra relación con El. Cuando Dios trabaja en Su plan eterno de redención, también desarrolla el carácter en nosotros y nos prepara para estar con El en la eternidad. Esto puede parecer muy "fuerte," pero es el corazón de la vida del cristiano.

El desarrollo del carácter parecido a Cristo comienza cuando Dios nos llama, por medio de una relación de amor. Este amor continúa en nuestra vida y nos desarrolla, nos equipa y nos hace parte de la misión redentora en nuestro mundo. La Biblia lo afirma así. Por ejemplo, cuando Jesús llamó a Sus discípulos los invitó a una relación con El para que llegaran a ser "pescadores de hombres" (Marcos 1:17). En esa relación iban a ser moldeados por Dios para ser instrumentos en Sus manos para servir y cambiar el mundo. Desde ese momento se negaron *a sí mismos*, tomaron *su* cruz y Lo siguieron (*a Cristo*) (Mateo 16:24). Entonces, Cristo se tomó el trabajo de enseñarles y desarrollarlos en el conocimiento del Padre y el reino de Dios (Juan 17:6-8).

El Hijo de Dios recibió del Padre la tarea de llamar a ciertos hombres a una relación con El; y compartió con ellos, les enseñó y los moldeó hasta que conocieron al Padre y respondieron. En la medida en que respondieron, Dios los usó en Cristo para servir hasta el fin del mundo. Cuando lo hicieron, Dios cambió el mundo por medio de sus vidas.

Con este patrón en mente, nos debemos preguntar: ¿Por qué nos llama Dios? Para conocerlo y tener una experiencia con El. Para desarrollar el carácter como el de Cristo y prepararnos para la eternidad. ¡Todo, porque nos ama!

CAPITULO 1

¿QUE SIGNIFICA EL LLAMAMIENTO?

Este llamamiento es un llamado a una relación. Casi siempre pensamos que ser salvo es simplemente poder ir al cielo cuando muramos. En toda la Biblia y especialmente en el Nuevo Testamento la salvación es principalmente ser llamado por Dios para tener una relación con El. Es una relación de amor por medio de Su Hijo. Desde el principio, en el Jardín del Edén vemos que Dios llamó a Adán y Eva a una relación (Génesis 3:9). El pecado rompió esa relación de amor. En el resto de la Biblia encontramos a Dios tratando de restablecer esa relación. Entonces Dios proveyó salvación por medio de Su Hijo y así esa relación pudo restablecerse. Este es el testimonio de los grandes siervos de Dios. Dios, en Su amor, los salvó. Ahora esa relación de amor ha sido establecida para siempre. Pero, hay otro aspecto de esa relación y llamamiento que frecuentemente descuidamos y olvidamos.

Esta relación siempre es redentora. El llamado a la salvación es a la vez un llamado a ser misioneros de Dios en nuestro mundo. A través de la Biblia, y a través de la historia, vemos que aquéllos a quienes el Señor usó poderosamente son testigos de esta realidad. Desde el momento que el cristiano es salvo desea ser misionero.

Es importante comprender que Dios llama a todos para que sean salvos; y El llama a todos los creyentes para que sean santos (Hechos 2:38-39; Romanos 1:6-7). En el Nuevo Testamento ser cristiano es ser llamado por Dios y tener una relación con El por medio de Su Hijo. El apóstol Pablo, en Filipenses 2:12-13, explica que cada uno debe dejar que la salvación influya en cada área de su vida, motivando tanto el querer como el hacer la voluntad de Dios. ¡Qué posibilidad tan emocionante para cada cristiano!

Pedro también nos dice que cada creyente, sin excepción, es escogido especialmente y llamado por Dios. El no excluye a nadie.

"Vosotros sois linaje escogido, real sacerdocio, nación santa, pueblo adquirido por Dios" (1 Pedro 2:9).

Gerardo era católico y estudiaba en la universidad en la misma ciudad donde yo era pastor. Un amigo de él y miembro de nuestra iglesia ayudó a Gerardo a recibir a Cristo como su Salvador personal. Desde el principio de su conversión Gerardo sentía que Dios lo llamaba a ser misionero, y un día dijo: "Dios quiere que Le sirva completamente. Ahora me doy cuenta que estoy listo a entregarle mi vida; haré lo que sea necesario para servirle. ¿Puedo hacer algo?"

Esa semana yo había recibido la llamada de un pastor indio en Cochin (Canadá), a 120 millas de distancia, quien necesitaba un maestro para la Escuela Dominical. Le compartí esa necesidad y Gerardo estuvo de acuerdo en hacer el viaje (ida y regreso) cada domingo, hacia ese lugar. Lo hizo por muchos años y otros estudiantes le ayudaban. El pastor indio se enfermó y regresó a los Estados Unidos.

La congregación le pidió a Gerardo que fuera su pastor. El aceptó y los pastoreó por muchos años. Gerardo y su esposa terminaron la universidad y el seminario. Y allí vino otro llamado urgente de Quebec, Montreal. Otra vez, Gerardo respondió al llamado de Dios y junto con su esposa y sus tres hijos están sirviendo fielmente allí. Sus vidas están disponibles al llamado de Dios.

En toda la Biblia y a través de la historia aquéllos a quienes Dios ha usado poderosamente han tenido el mismo patrón en sus vidas. En mi propia vida sentía profundamente que Dios tenía algo en mente cuando me salvó (lea Juan 15:16). Siempre he estado disponible para servirle. Nunca he pensado decirle no, porque yo sé que el mismo llamamiento para ser salvo es para servirle en este mundo.

Una iglesia me invitó a ser su director de música y educación.

Dos años más tarde la misma iglesia me llamó a ser su pastor, y trabajé allí por cinco años. Atendiendo siempre Su llamado, serví seis años como director de misiones de varias iglesias; y después, como director de despertamiento espiritual (dos años) con la Convención y la Junta de Misiones Domésticas.

Dios llama a todos a ser salvos; y en ese llamado está el llamado a ser Sus misioneros. Dios está buscando a los perdidos espiritualmente, porque les ama. No quiere que nadie se pierda. A los que salva, los hace partícipes de Su obra (1 Corintios 3:9) con el propósito eterno de salvar al mundo perdido. Esto es lo que significa ser llamados.

En todo este proceso Dios toma la iniciativa para dar a conocer a Su pueblo lo que está haciendo. El se apareció a Noé cuando iba a juzgar al mundo con el diluvio y así fue como Noé se enteró de lo que iba a pasar. Noé no sabía lo que Dios quería lograr, pero le dio un trabajo y Noé respondió como colaborador de Dios.

Cuando Dios quiso libertar a dos millones y medio de personas de la esclavitud en Egipto, tomó la iniciativa y llamó a Moisés y le explicó lo que iba a hacer. Esta revelación fue la invitación de Dios a Moisés para trabajar con El y alcanzar Su propósito. Dios hizo lo mismo con los profetas.

Jesús le dijo a los discípulos, al apóstol Pablo y a los Suyos: "No me elegisteis vosotros a mí, sino que yo os elegí a vosotros, y os he puesto para que vayáis y llevéis fruto, y vuestro fruto permanezca" (Juan 15:16). ¡Esto se repite, y sucede aún, cada vez que Dios quiere hacer un trabajo grande!

El llamado de Dios hará cambios en su vida para que sea la persona que pueda usar y lograr Su propósito. Moisés tuvo que dejar de pastorear ovejas. David no pudo seguir haciendo lo que estaba haciendo y ser rey al mismo tiempo. Los discípulos de Jesús no pudieron seguir pescando y al mismo tiempo ir con Jesús. Siempre ha sido así: abogados, doctores, profesores de escuela, choferes de camiones, vendedores, enfermeras, banqueros, etc., al llegar a ser cristianos, entregan sus vidas a Jesús para que Dios pueda lograr Sus planes.

El día de hoy, uno de los grandes acontecimientos es el gran número de misioneros voluntarios que, dejándolo todo, siguen a Jesús en los Estados Unidos y alrededor del mundo. Los profesores van a China para alcanzar a los chinos. Gente de negocios está lista a usar sus conexiones en el mundo para ganar a los perdidos espiritualmente y que quizás de otra manera no oirían el evangelio. Cada año millares de voluntarios del Cuerpo de Servicio Misionero van con un deseo profundo de ser misioneros.

¡Se está haciendo una gran diferencia en nuestra generación! Una doctora, en sus primeros años profesionales, fue a Yemen a trabajar junto con su esposo mientras éste servía como maestro de escuela. Ellos nunca serán las mismas personas y la gente escuchó el evangelio. El llamado a la salvación es el llamado a las misiones. Pero nadie va, sin hacer cambios en su vida. Algunos han renunciado a sus prácticas de éxito; otros han dejado a sus padres; otros arriesgan su salud; y otros han aprendido un nuevo idioma y se han adaptado a culturas y costumbres desconocidas. Pero Dios no tiene otra manera de alcanzar al mundo, sino a través de aquéllos a quienes llama a ser Sus hijos por la fe en Su Hijo. Tal amor es el que Dios espera que nos mueva a ir con El a nuestro mundo perdido.

Es un llamado a obedecer. Una respuesta final acompaña al llamado de Dios: *obediencia.* Cuando uno reconoce la voluntad de Dios para su vida, debe responder inmediatamente, sin resistencia ni discusión a lo que Dios le dirija. Así experimentará el poder de Dios en su vida, como lo experimentó Hudson Taylor. El era médico, y Dios le hizo entender claramente que quería que llevara el evangelio a los habitantes de la China. El fue obediente y Dios alcanzó a millones de chinos por medio de Hudson Taylor y de los que junto a él predicaron, enseñaron y sanaron.

Además, el llamado hace que participe con los miembros de la iglesia, que haya una relación vital con otras iglesias de su asociación y, de pronto, se va a encontrar trabajando a través de todo el mundo con una gran familia llamada Bautistas del Sur. Porque Dios llama a todos Sus hijos para que vayan a todo el mundo.

CAPITULO 2

¿QUIENES SON LOS LLAMADOS?

Todavía se puede preguntar, "¿Quiénes exactamente son los llamados? ¿Son un grupo especial de personas? ¿Qué acerca de mi vida? ¿También soy llamado? ¿Cómo lo sé? ¿Cuál es la señal?" Y sinceramente usted puede estar diciendo en su corazón: "¡Señor, Te amo! ¡Te pertenezco! ¡Soy Tu siervo y quiero servirte verdaderamente! Pero, Señor, ¿realmente soy llamado a las misiones? Señor, ¿exactamente quiénes son los llamados?"

Dios llama a todos. Miremos brevemente algunos pasajes de las Escrituras que nos afirman que *todos* y cada uno de nosotros somos llamados. En Exodo 19, cuando Dios escogió a una nación para traer salvación a todo el mundo, El dijo que serían un reino de sacerdotes. Los levitas eran los que entrenaban y equipaban a toda la nación a caminar con Dios, a fin de poder cumplir Su propósito de salvar a las naciones del mundo. Esa misma verdad está establecida en el Nuevo Testamento (1 Pedro 2:5,9-10).

Dios llama a cada creyente. Dios llama a cada creyente a trabajar en el mundo como Su sacerdote. Dios prometió que capacitaría a cada creyente con la presencia poderosa de Su Santo Espíritu. Dios cumplió esa promesa en Pentecostés, y Pedro lo anunció en Hechos 2:16-18.

El llamado de Dios a todas las personas, incluyéndole a usted, es extenso y completo.

Dios llama a gente sencilla. Es interesante y alentador darse cuenta que en toda la Biblia los llamados de Dios y que trabajan con poder son los que hoy se llaman laicos. Fueron gente sen-

7

cilla, a quienes Dios llamó y capacitó para el trabajo que les asignó. Sus talentos y habilidades no fueron tan importantes como su relación con Dios. Esa relación de amor y de confianza en El determinó lo que Dios pudo hacer por medio de ellos.

Recuerdo a Arturo y Marion. Tenían 70 años cuando me dijeron que sentían que Dios quería usarlos para comenzar una misión en una comunidad rusa. El era contador, diácono y servía fielmente al Señor. Ahora que estaban jubilados, Dios les pidió que estuvieran disponibles para Sus propósitos. Arturo se preparó en el seminario por extensión y recibió su certificado en ministerio pastoral. Sirvió por seis años, ganando muchas personas para el Señor en una comunidad muy difícil. Fue ordenado a los 76 años. Ese año, también enseñó contabilidad y finanzas en el colegio de teología, y después murió de cáncer, creyendo que sus últimos años fueron los mejores de su vida, porque trabajó para Dios ganando personas para Cristo. Ellos eran cristianos sencillos que estuvieron disponibles, y Dios los usó.

Alex trabajó en una planta de acero, pero Dios trabajó en su vida para que fuera iniciador de iglesias. El y su esposa se pusieron a la orden de Dios y El les usó maravillosamente para comenzar una misión en una comunidad necesitada.

Por 26 años Melvin trabajó en Sears. Su esposa era enfermera. A los 50 años sintieron que Dios quería usar sus vidas en las misiones. Se ofrecieron como voluntarios para ser padres de un dormitorio para hijos de los misioneros en Zambia. Fueron aceptados y pasaron ocho años allá. Melvin dirigió con éxito un curso de Biblia por correspondencia, con más de 100,000 matriculados y millares de personas llegaron a conocer a Cristo como su Salvador. Estos son ejemplos de personas sencillas que sabían que Dios tenía derecho a usar sus vidas en Su tiempo y lugar, y ellos respondieron.

Puede pensar que no está capacitado para hacer esto. Recuerde que en Juan 17, Jesús nos revela que el Padre Le entregó nuestras vidas para enseñarnos y hacernos vasos útiles y luego poder usarnos para salvar al mundo que agoniza por causa del pecado (Juan 17:1, 4, 6-8, 22-23).

Cuando Jesús llamó a los discípulos les inspiró confianza al hacerse responsable por sus vidas, cuando les dijo: "Venid en pos de mí, y haré que seáis . . ." (Marcos 1:17; lea también Juan 6:39). Todos los evangelios mencionan cómo Jesús enseñó a Sus discípulos, los entrenó, los guió, los animó, les dio poder, y los equipó completamente. Juan 17 nos indica cómo Jesús los preparó en su misión para el mundo. El incluyó en esa oración la vida de usted y la mía.

Jesús dijo: "Mas no ruego solamente por éstos, sino también por los que han de creer en mí por la palabra de ellos" (Juan 17:20). Así que no debe preocuparse pensando que no está preparado para que Dios le use. Nuestro Señor está trabajando para que llegue a ser todo lo que Dios quiere que sea.

¡Cada uno de nosotros es importante para Dios! Somos gente sencilla que amamos a Dios con todo nuestro corazón y que sabemos que el llamado para ser salvos es también un llamado para ser colaboradores de Dios. Cuando respondemos a Su llamado, El poderosamente logra Su propósito de salvar al mundo. Dios busca a voluntarios (Ezequiel 22:30-31; Isaías 6:8; 2 Crónicas 16:9). Cuando los encuentra, salva multitudes de personas. Estudie los libros de Jonás, Ester y los Hechos.

El amor de Dios por el mundo es tan profundo que Su Espíritu produce en usted el querer hacer Su voluntad (véase Filipenses 2:13). ¿Ha sentido al Espíritu de Dios trabajando en su vida?

Jerry y Brenda no tenían mucho tiempo de casados. Jerry era un nuevo cristiano. Cuando estudiaban la Biblia sintieron que debían estar preparados y dispuestos para Dios. Asistieron a la escuela de teología en nuestra iglesia, y mientras estudiaban, Dios los dirigió a aceptar enseñar la Biblia en una reservación indígena. Cuando terminaron sus tres años de estudios Dios había puesto en su corazón el amor para los indios y un don especial para ministrarles.

Por medio de Jerry y Brenda, Dios alcanzó a muchos indios. Después, Jerry fue pastor de una misión indígena. Ahora dirige el trabajo para alcanzar a los indios en Canadá y está entrenando a indios para alcanzar a los suyos. Dos vidas que escucharon el llamado a la salvación y también estuvieron disponibles para el propósito de Dios de salvar al mundo—Dios las escogió, y ellas han hecho una gran diferencia.

CAPITULO 3

¿COMO SOY LLAMADO?

Cuando el creyente se pregunta seriamente, ¿Cómo soy llamado?, esto debiera llevarle a un compromiso personal tanto para responder, como para ser responsable delante de Dios. Dios busca que Lo amen y que amen a las personas sin Cristo, como El las ama. Cuando los cristianos sienten que Dios los llama y los guía a una respuesta sencilla estarán conscientes que el hacer Su voluntad los lleva inmediatamente a ser responsables. Al aceptar el llamado de Dios, ¡uno nunca será la misma persona! Tendrá que decir "¡Sí, Señor!" Aunque quiera, no puede decir "¡No, Señor!" Porque si dice no, en ese momento deja de ser Señor. Cuando Jesús es Señor, sus siervos siempre dicen: "¡Sí, Señor!"

Ya hemos dicho que el llamado inicial es para salvación, para ser hijo de Dios y siervo de Jesucristo. Es una decisión y una relación eterna. Pero, desde el momento en que uno nace de nuevo, ¿cómo lo llama Dios?

Recuerde que cuando uno nace de nuevo, como hijo de Dios, adquiere un sentido espiritual (1 Juan 3:9), el cual puede desarrollarlo y usarlo (Hebreos 5:13-14). Así como un niño tiene sentidos físicos para funcionar en el mundo físico, así el cristiano tiene sentido espiritual para funcionar primeramente en el mundo espiritual, en su relación con Dios. Podemos aprender a escuchar Su voz (Juan 10:2-4, 27) y seguirle; podemos aprender de Sus actividades y unirnos a El (Juan 3:3; 5:17, 19-20), y podemos aprender a entenderlo y obedecerle (Juan 14:26; 16:13-15).

Así como un bebé aprende a funcionar poco a poco en nuestro mundo, así, si somos fieles, El nos dará más (Lucas 16:10); y si Le obedecemos seremos como el hombre que construyó su casa sobre la roca (Lucas 6:46-49).

Para experimentar el completo llamamiento de Dios hay

cosas en la vida cristiana que deben estar en su lugar:

1. Una persona debe conocer a Dios clara y evidentemente (Juan 17:3). Y conocerlo significa recibir a Cristo Jesús como el Salvador y Señor de su vida.
2. Simplemente, debe creer en El, esto es, aceptar que todo lo que la Biblia revela acerca de Cristo es verdad y aceptar todo lo que dice, pide y ordena.
3. Debe amarlo y confiar en El con todo el corazón, con toda su mente, con toda su alma y con todas sus fuerzas. Debe responderle incondicionalmente, por causa de Su amor (2 Corintios 5:14).
4. Debe obedecer a Dios inmediatamente y sin vacilar (Juan 14:23-24).

En el centro de su vida el Espíritu Santo le ayudará a escuchar y conocer la voluntad de Dios (Juan 14:25-26; 16:13-15; Romanos 8:26; 1 Corintios 2:10-16).

Ricardo, nuestro hijo mayor, conoció al Señor cuando era joven. Nosotros teníamos la confianza de que si lo instruíamos para que supiera escuchar al Señor y si creábamos un ambiente espiritual para que Dios le hablara, Ricardo iba a responder.

Un día, en un servicio de adoración pasó adelante diciendo: "Papá, yo sabía que Dios me estaba llamando, pero estaba huyendo de El. Ahora vengo a decir que sí al llamado para ser Su siervo. Pienso que debo ser pastor."

El comenzó a contestar el llamado de Dios sirviéndole como presidente del grupo de jóvenes de la iglesia, y más tarde como presidente del Ministerio de Estudiantes Bautistas, a nivel de la asociación y del estado. Después de su graduación fue al seminario. Más adelante entró al programa de doctorado. Y ahora ha respondido al llamado de Dios como pastor de una iglesia en Canadá.

El sigue experimentando diariamente el llamado de Dios, a medida que el Espíritu Santo le ayuda, enseña y capacita. A decir verdad, nuestros cinco hijos (cuatro varones y una mujer) han sentido el llamado de Dios para ministrar o servir en las misiones; y continúan atentos para responderle diariamente.

Es dentro de la familia, y dentro de la familia de la iglesia, donde se crea la atmósfera espiritual para que el cristiano sencillo pueda oír el llamado de Dios y responder confiadamente. Allí el llamado de Dios se clarifica y el cristiano obedece. Las organizaciones misioneras de la iglesia tienen un papel importante para crear esa atmósfera espiritual, para que *cada* creyente pueda entender y experimentar el llamado y aceptarlo de una manera responsable. Las organizaciones misioneras dan oportunidades para el estudio bíblico, estudio misionero, actividades misioneras, participación personal, y oportunidades para servir y ministrar. Por medio de estas actividades y entidades el llamado se hace claro.

Linda y Renee llegaron a nuestra asociación como misioneras US-2. Ellas sintieron el llamado de Dios y vinieron a pasar dos años con nosotros. En ese tiempo y con una buena atmósfera espiritual, Dios les reveló el próximo paso en su llamado. Sentían que lo que hacían, venía del Señor. Tuvieron desilusiones, fracasos, victorias y tiempos de dolor y alegría.

Después Renee fue a otro trabajo misionero, y ahora está terminando su preparación en el seminario para ser ministro de educación cristiana. Linda fue a dirigir el testimonio de los Bautistas del Sur en las Olimpíadas de Invierno en Calgary, Alberta. Después fue a servir a New York y ahora está tomando cursos en un seminario, para servir en las misiones.

Para Renee y Linda el cómo han sido llamadas por el Señor, viene por su relación personal con Dios y con Su pueblo.

CAPITULO 4

¿CUANDO SOY LLAMADO?

Al estudiar detenidamente las vidas de aquéllos a quienes Dios usó en una manera sobresaliente, la Biblia nos enseña que cuando estamos en el centro de la actividad de Dios es cuando conocemos con claridad que El nos está llamando. Esto lo encontramos en la vida de Jesús. El dijo:

"Mi Padre hasta ahora trabaja, y yo trabajo . . . No puede el Hijo hacer nada por sí mismo, sino lo que ve hacer al Padre; porque todo lo que el Padre hace, también lo hace el Hijo igualmente. Porque el Padre ama al Hijo, y le muestra todas las cosas que él hace" (Juan 5:17, 19-20).

Jesús dijo que Su Padre trabaja. Jesús era el siervo, y el siervo no toma la iniciativa, sino que ve trabajar al Padre y se une con El. Jesús dijo que el Padre ama al Hijo y Le muestra todo lo que hace. Así que el Padre es capaz de cumplir Su propósito a través del Hijo.

Ejemplos de la Biblia. Cada persona con quien Dios trabaja poderosamente ha vivido esta clase de relación. El profeta Amós era un laico y dijo: "No soy profeta, ni soy hijo de profeta . . . Y Jehová me tomó . . . y me dijo: Vé y profetiza a mi pueblo" (Amós 7:14-15). Amós obedeció y Dios logró Su propósito. Lo mismo vemos a través de la historia, en Jeremías (Jeremías 1:4-12), en Moisés (Exodo 3:15), los jueces, David, todos los profetas, los discípulos, el apóstol Pablo y el pueblo de Dios. Este mismo método continúa hasta este día y es la manera en que Dios llama y también trabaja en su vida.

Al tener la presencia del Espíritu Santo. Cuando Dios ve en uno de Sus hijos el crecimiento, el amor y una sensible relación de confianza en El, llama a esa persona a una relación especial y profunda, generalmente en medio del trabajo diario. A los que cada día responden positivamente a Su llamado les da Su presencia y el poder del Espíritu Santo para lograr lo que Dios les designa. Por ejemplo: Dios puso Su Espíritu de obediencia en Moisés y en los setenta ancianos (Números 11:16-25); el Espíritu de Dios les dio la habilidad a los hombres que construyeron el tabernáculo (Exodo 35:30 a 36:1); a los jueces a quienes Dios llamó para ser libertadores de su pueblo (Jueces 3:10; 6:34; 11:29; 13:25; 14:6, 19; 15:14); a David (1 Samuel 16:13); a los discípulos en Pentecostés (Hechos 2:1-4); y al apóstol Pablo (Hechos 9:15-19). Esto es verdad en cada siervo a quien Dios ha usado poderosamente. También usted puede tener Su presencia y poder cuando obedece al llamado para servirle en las misiones. Una vida llena del Espíritu es la vida normal del cristiano (1 Corintios 12:13; Efesios 5:18; 1 Juan 4:13). Cuando cada creyente busca seguir al Señor, el Espíritu Santo le enseña y le guía (Juan 14:26; 16:13-15); le ayuda cuando ora (Romanos 8:26); y le ayuda a conocer todas las cosas que Dios le regala (1 Corintios 2:10-16).

Al participar en la iglesia (el cuerpo de Cristo). Al participar en la iglesia, el cristiano sabe cuando Dios le llama. El cuadro completo del cuerpo trabajando unido se encuentra en 1 de Corintios 12 y Efesios 4. Cada miembro del cuerpo funciona donde Dios lo ha colocado y cada uno ayuda al otro a crecer en aquel que es la Cabeza, esto es Cristo. Esto no es solamente una figura del lenguaje, es una realidad viviente. El Cristo amoroso está presente en la iglesia y cada miembro ayuda a los demás a conocer y hacer la voluntad de Dios. Pablo afirmaba su necesidad de otros creyentes (Romanos 1:11-12; Efesios 6:19-20). En su iglesia Dios tiene otros creyentes preparados para ayudarle a hacer Su voluntad. Usted es importante en el cuerpo de Cristo para llevar a cabo el propósito eterno para su vida.

Es la voluntad de Dios que usted participe no sólo en su iglesia; también con otras iglesias de la asociación (como sucedía en el Nuevo Testamento), en toda la nación y en el mundo. El nos llama y nos envía a llevar el evangelio a cada persona y a cada nación. El plan de Dios es llamarle y colocarle con otros llamados, para que, unidos, a través de ustedes El pueda trabajar en el mundo.

A nivel personal, Dios le confirma Su llamado cuando: 1) pasa un tiempo leyendo la Palabra de Dios, 2) cuando ora a Dios, 3) cuando se da cuenta de lo que Dios hace en su vida, y 4) cuando, al participar con otros en la iglesia, escucha la voz de Dios.

CAPITULO 5

¿COMO VIVO EL LLAMADO?

Dios pone en el corazón de cada creyente un profundo deseo de experimentar Su presencia y Su poder para trabajar por El (Filipenses 2:12-13). Pero, ¿cómo puede uno experimentar esa realidad tan profunda de ser llamado y responsable? Cuando buscamos la respuesta es importante recordar que Dios trabaja con la persona de acuerdo a Su voluntad y propósito (Filipenses 1:6; 2:13). Estas dos verdades traen muchas consecuencias.

Haciendo la voluntad de Dios. Desde el momento que uno siente un deseo de hacer la voluntad de Dios, El está trabajando activamente en su vida. Lo puede experimentar cuando está estudiando la Biblia; al adorar en su iglesia; al orar; en la vida diaria; o al hablar con un amigo o con alguien de su familia. Son cosas que sólo Dios puede hacer.

Guillermo y Ana reaccionaron diferente cuando se enteraron del asesinato de un policía. Los dos jóvenes que cometieron el crimen fueron arrestados y la gente de la ciudad estaba furiosa con los asesinos. Pero durante la reunión de oración Guillermo y Ana expresaron mucha tristeza por los padres de estos jóvenes. Ellos tenían un hijo en la cárcel y compartían el dolor y la soledad de los padres. Entonces toda la iglesia también comenzó a sentir lo mismo.

Ellos pidieron oración porque iban a invitar a los padres de estos jóvenes a su hogar a tomar café y a compartirles su amor y preocupación. La iglesia oró.

Estos padres dijeron: "Otras personas nos odian y nos maldicen. Ustedes son los únicos que se han preocupado por nuestro dolor. ¡Gracias!"

Además, la iglesia junto con Guillermo y Ana comenzaron un ministerio intenso en la cárcel, con los prisioneros, sus padres y familiares, y en otras cárceles y prisiones. La iglesia participó, porque dos creyentes sabían que Dios los estaba llamando a hacer algo para aliviar el dolor de otros.

Catalina se unió a la iglesia. Para ella la reunión de oración llegó a ser muy especial, porque cada vez que oraba sentía en su vida la presencia y dirección de Dios.

Un miércoles en la noche dijo: "Dios ha puesto en mi corazón una gran preocupación por los minusválidos mentalmente y sus familias. Yo crecí con una hermana minusválida. Sé lo que esto significa para los padres y su familia. Nadie en las iglesias los ministra. Pienso que debemos buscar la dirección de Dios para saber si debemos iniciar un ministerio para ellos." Mientras ella compartía, nosotros orábamos y sentíamos lo mismo (Mateo 18:19-20).

Todos nos convencimos que Dios no sólo estaba dirigiendo a Catalina, sino a toda la iglesia a participar. Este fue un llamamiento claro de parte de Dios, y nosotros nos sentimos responsables de responderle. Muy pronto tuvimos de 15 a 20 minusválidos y algunos miembros de sus familias. Nuestra iglesia experimentó el significado del amor puro por medio de estas personas especiales. Dios llamó a Catalina y su iglesia. Ellos oraron, y El comenzó a lograr Su propósito.

Terry trabajó en una compañía muy importante. Mientras estudiaba la Biblia, oraba y adoraba, Dios comenzó a hablarle. Y en un servicio de adoración, pasó adelante diciendo que Dios lo llamaba a testificar más eficazmente en su trabajo. "Pero," dijo el, "mi escritorio está al fin del salón y sólo una persona viene a mi oficina. ¿Cómo Dios me puede usar para testificar a otros?"

Cuando él compartió su llamado con la iglesia, nos comprometimos a orar por él. Lo animamos a esperar en Dios y estar preparado para obedecer. Y muy pronto él compartió con la iglesia lo siguiente: "Esta semana mi jefe me dijo: 'Quiero que ponga su escritorio en otro sitio. ¡Espero no tenga inconveniente!' Ahora, mi escritorio está en el lugar más ocupado de la oficina. Todos vienen a mi escritorio. ¡Por favor, oren por mí para que sea el testigo fiel que Dios quiere que sea!"

¿Cómo puede vivir el llamado de Dios? ¡Lo vive en su relación diaria! En su tiempo a solas con Dios, permita que le hable y le guíe para entender lo que planea para ese día. Si termina ese tiempo, diciendo: "¡Dios mío, por favor, acompáñame y bendíceme en este día!" Dios puede decirle, "¡Lo tienes todo al revés! Tengo un plan que quiero que hagas hoy. ¡Quiero que vayas conmigo! Así que, por medio de Mi Palabra y tu oración, conoce mi voluntad para que podamos ser socios hoy."

En ese mismo tiempo a solas con el Señor, El le dará todos los recursos que necesita para hacer Su voluntad. Además, el Espíritu Santo le dará la confianza, que le capacitará para hacer en su vida la voluntad de Dios. ¡Qué privilegio! ¡Qué gran responsabilidad! Tenemos que amarle, creerle, confiar en El y obedecerle. Es entonces cuando experimentaremos la admirable presencia y el poder de Dios trabajando en y a través de nosotros.

Dejando que Dios complete Su obra. Porque sabe que Dios está trabajando en usted y completará la obra que ha comenzado, debe vivir con esperanza y expectación de lo que Dios hace cada día en su vida. No es lo que puede hacer por Dios, sino lo que Dios puede hacer en usted.

Lo que Dios comienza, lo termina. Dios dice en Isaías:

"Anuncio lo por venir desde el principio, y desde la antigüedad lo que aún no era hecho; que digo: Mi consejo permanecerá, y haré todo lo que quiero . . . Yo hablé, y lo haré venir; lo he pensado, y también lo haré." (Isaías 46:10-11).

Leamos otra vez, en Isaías, una promesa de Dios:

"Ciertamente se hará de la manera que lo he pensado, y será confirmado como lo he determinado . . . Porque Jehová de los ejércitos lo ha determinado, ¿y quién lo impedirá? Y su mano extendida, ¿quién la hará retroceder? (Isaías 14:24,27).

Dios nunca revela Su voluntad sin garantizar el logro de lo que ha dicho. Esto es verdad tanto en la Biblia como en la historia. Para ampliar el conocimiento, estudie los siguientes pasajes bíblicos: Isaías 55:8-14; Números 23:19; Hebreos 13:20-21.

Reconociendo la obra de Dios en su vida. Es importante reconocer la obra de Dios en su vida. Jesús mencionó Su relación con el Padre en Juan 5:17, 19-20.

Puede preguntar: ¿Cómo puedo reconocer la obra del Padre?

En Juan 6:44, 45, 65, Jesús dijo que ninguno puede venir a El a menos que el Padre lo atraiga y le enseñe. El Padre vendrá a aquéllos con quienes trabaja. Por ejemplo: Cuando Jesús vio a Zaqueo subido en el árbol, pudo decirse a Sí mismo "Nadie puede buscarme con esa seguridad a menos que mi Padre trabaje en su vida. Tengo que unirme a la obra de mi Padre." Así que fue a la casa de Zaqueo, y éste halló la salvación.

Sara, enfermera en nuestra universidad, pidió oración a la iglesia, para que Dios le ayudara a testificar en la escuela. Sentía que Dios la llamaba no sólo para ser enfermera, sino para testificar a otros. Pero no sabía dónde. Su pastor la animó a buscar la dirección de Dios y que estuviera lista a dejar que El la usara. Ella regresó a la iglesia y, muy emocionada, dijo: "Una estudiante, que ha estado en mi clase por casi dos años, me dijo: 'Pienso que usted es cristiana, y quiero decirle algo. Varias estudiantes, un grupo de 11, conmigo, estamos tratando de estudiar la Biblia, pero ninguna es cristiana. ¿Conoce a alguien que pueda enseñarnos la Biblia?' "

Después de este contacto, Sara participó en un estudio de la Biblia con varias estudiantes y algunas llegaron a conocer a Cristo y se unieron a la iglesia.

Cuando Dios le comunica dónde El está trabajando, El quiere que usted participe para poder, a través de su vida, hacer Su voluntad en otros.

Hay otra verdad que se aplica al llamado de Dios y su respuesta responsable. Es su *interdependencia* con otros creyentes de la iglesia. No sólo le ayudarán a clarificar el llamado de Dios; también le ayudarán a cumplirlo. Esto se llama interdependencia divina. En la vida cristiana no hay solitarios. Dependemos mutuamente, unos de otros. El Nuevo Testamento describe esta interdependencia como la vida en el cuerpo de Cristo. Tres pasajes de la Escritura nos ayudan a entender esto con claridad: Romanos 12:3-8; 1 Corintios 12:4-31; Efesios 4:1-7, 11-16. Pablo les recalca a los creyentes: "Vosotros, pues, sois el cuerpo de Cristo, y miembros cada uno en particular" (1 Corintios 12:27). Y en Efesios 4:13 les recuerda: "hasta que todos lleguemos a la unidad de la fe y del conocimiento del Hijo de Dios, a un varón perfecto, a la medida de la estatura de la plenitud de Cristo."

Esto promoverá una *responsabilidad* voluntaria del uno para con el otro, porque estamos unidos a la Cabeza que es Cristo. Este es el plan divino. Dios nos llama hacia El, pero también ese llamado nos une con los otros creyentes en un amor mutuo y responsable para el bienestar de todos. Es en la iglesia que cada creyente espera que Dios trabaje y que lo llame a las misiones. Se nos anima aunque tengamos que esperar.

En una iglesia se puede ministrar a los pobres, a los desconocidos, en la escuela, en las cárceles, a los minusválidos física y mentalmente, en la universidad, en las reservaciones indígenas, en los pueblos y aldeas de alrededor, y aun en lo último de la tierra. Todos pueden participar. Muchos sienten el llamado a ser pastores o ser parte del personal de la iglesia; otros sienten el llamado a ministrar en otros países del mundo; otros sienten muy claro el llamado a servir, testificar y ministrar en el trabajo y en los hogares donde Dios los ha colocado. Juntos pueden ayudarse unos a otros a ser *responsables* delante de Dios, quien nos llamó a formar parte del cuerpo de Cristo, a través del cual el Padre puede llevar a cabo Sus propósitos para el mundo.

CONCLUSION

El llamado de Dios es un llamado a una relación con El para cumplir el propósito que tiene desde la fundación del mundo. Dios nos llama y produce en nosotros el querer hacer Su voluntad y nos capacita para hacerla. Primero nos llama a ser hijos de Dios, por la fe en Jesucristo. En esa relación provee lo que necesitamos para vivir plenamente con El. Además nos hace partícipes de Su actividad redentora en nuestro mundo. La obra de Dios en nosotros nos hace conocerlo y crecer siguiendo a Cristo. Un carácter a la imagen de Cristo, es la preparación de Dios para que estemos con El en la eternidad. ¡Qué maravilloso plan y propósito Dios tiene para nosotros! Cuando Le respondemos, El obra poderosamente en y a través de nosotros.

Llamado . . . responsable—¡qué privilegio más grande es el que Dios da, libremente, a cada creyente!

19

Parte 2

Joyce Mitchell

LLAMADOS . . . RESPONSABLES INVENTARIO

¿POR QUE NOS LLAMA DIOS?

1. Cada día hacemos llamadas a diferentes personas. Tenemos algo que solicitar, noticias que compartir, o queremos saber qué está haciendo esa persona. Esta lista de responsabilidades se ha planeado para que dialogue con usted mismo acerca del llamado de Dios en su vida. Use los espacios en blanco de este libro o en su propio diario, para anotar sus reacciones respecto a ese llamado. Tal vez nunca haya tomado el tiempo para pensar acerca del llamado o su primera respuesta. *Llamados . . . Responsables* es una invitación a explorar y restablecer el llamado de Dios y su respuesta. ¿Cómo expresa gratitud porque Dios le llamó a usted?

¿QUE SIGNIFICA EL LLAMAMIENTO?

2. En la vida de cada creyente una luz se enciende al llamado de Dios. El de usted puede ser que no tenga el drama de la experiencia de Pablo en el camino a Damasco. Tal vez puede identificarlo con el llamado del joven Samuel: El tuvo que buscar la ayuda de Elí para entender lo que estaba escuchando y quién lo estaba llamando. Identifique el tiempo específico del llamado de Dios. ¿Qué recuerda? ¿Dónde estaba? ¿Estaba solo o con otros? ¿Cómo se sintió en ese período de su vida? ¿Había algo especial para que el Creador Todopoderoso le llamara?

3. Un llamado incluye un mensaje y una respuesta. Al principio del llamado de Dios hubo una manifestación de Su amor a través de Su Hijo Jesucristo. Su respuesta a ese llamado fue una disposición para entrar en una relación con Dios. Piense en su relación actual con Dios. ¿Qué sabe hoy del llamado de Dios, que no sabía cuando, por primera vez, respondió a Su llamado? ¿Cómo sería su vida si hubiera ignorado el llamado de Dios? Como creyente, ¿qué ha producido el llamado de Dios en usted?

4: Su llamado está basado en una relación con Jesucristo. Cuando no se atiende una hortaliza (huerta), crecen malezas, presenta un aspecto de abandono y deja de producir. Las señales de crecimiento en la vida de un creyente son visibles y pronosticables: leer la Palabra de Dios, orar, participar en la iglesia, y compartir la fe. ¿Qué señales hay en su vida que confirman que está creciendo? ¿Está consciente de las etapas de crecimiento que han ocurrido desde su llamado a la salvación? Enumérelas.

5. Desde el principio del llamado a la salvación, ha vivido continuamente en diálogo con Dios. Es más sensible a los llamados de Dios. La oración y el estudio de la Biblia le permiten recibir los mensajes de Dios aun en la rapidez de la vida. Sea que escoja escribir sus relaciones con Dios en un diario o que seleccione un compañero de oración responsable, ¿cómo podrá determinar, el próximo año, su crecimiento en el llamado de Dios?

6. El llamado de Dios es para todos, pero no todos responden positivamente. Usted lo hizo, y ahora tiene la oportunidad de ser colaborador en Su obra. ¿Sería el mundo diferente si tomara en serio el ser un instrumento de Dios? ¿Puede recordar ocasiones en que ha ignorado el llamado de Dios? ¿Cuándo?

7. Una respuesta al llamado de Dios demanda obediencia. Esta es una disciplina importante para que el creyente se desarrolle en el conocimiento de Dios y en Sus caminos. *Obediencia* es una palabra fuerte. El interés propio y la comodidad pueden obstaculizar nuestra obediencia a Dios. Las expectativas de Dios generalmente son muy claras y no admiten discusión. ¿Qué clase de ajustes ha hecho para crecer en la obediencia a Dios? ¿Por qué algunas personas describen el llamado de Dios como costoso para el creyente? ¿Es costoso para usted?

8. Algunos describen el carácter como el conjunto de nuestros hábitos. Uno de los llamados que Dios hace es que el creyente desarrolle en sí el carácter de Cristo. Si reconoce ese llamado, ¿qué está haciendo para desarrollarlo? Identifique algunos aspectos de su carácter que no son como los de Cristo. ¿Puede imaginar cómo Dios le dirige a cambiar esos hábitos? Mencione un cambio específico que puede comenzar.

9. Muchas personas se sienten incómodas cuando no están en control. Ceder el control no significa que Dios le llama al lugar de servicio más desagradable o peligroso. Si el control le es importante, imagínese el llamado más arriesgado de Dios. ¿Cuál será? Usted puede ser el único que comprenda que Dios le está haciendo un llamado especial. Dios confía que responda. ¿Puede rechazar ser obediente y todavía enfrentarse a Dios? ¿Cómo?

10. El llamado de Dios a la salvación trajo consigo el regalo de redención. El le llama a compartir ese regalo con personas que no Lo conocen. Describa a una persona que verdaderamente vive una vida redimida. ¿Es su vida diferente de la que ha descrito? Puede sentir que Dios desea en su vida cambios que

usted no quiere considerar. ¿Cuáles son? ¿Cuál será el tiempo correcto para considerar esos cambios?

11. Dios no llama a todos para comisionarlos como misioneros. ¿Siente alivio por tal noticia? Esto no significa que los otros llamados sean menos importantes. Desde el principio, Dios tiene un plan para la redención del mundo. Usted, aunque no sea misionero vocacional, tiene una parte importante en el plan redentor de Dios. ¿Cuál es su iniciativa como *embajador* o *mensajero*? ¿Qué significan para usted en su esfera de la influencia?

¿QUIENES SON LLAMADOS?

12. Dios es el Gran Iniciador de todos los llamados significativos en nuestra vida. Provee en Su Hijo un medio por el cual todos los que escuchen puedan entrar en una nueva vida. En Sus planes Dios incluye a los humanos para que sean Sus instrumentos. Dios escoge. Dios llama. Dios comisiona. El llamado de Dios es total. Como creyente, ¿cómo muestra usted a otros lo que Dios le ha dado? ¿Se siente responsable de hacer que otros escuchen el llamado de Dios?

13. El ser humano, creado a la imagen de Dios, tiene oportunidad de responder a Su llamado. Este presenta algunas restricciones. Dios espera que los creyentes abandonen su vieja identidad y la sustituyan por una nueva (Colosenses 3:9-10). En su peregrinaje, ¿qué significa este cambio de identidad? ¿Identifica las huellas que le siguen molestando, de lo que era antes de escuchar el llamado de Dios? ¿Vale la pena el cambio por aceptar el llamado de Dios?

14. La parábola de los talentos (Mateo 25:14-30) es uno de los pasajes de la Escritura que habla de la responsabilidad que el creyente adquiere junto con el llamado de Dios. Dios quiere participar activamente en su vida. El le ha dado la vida para que se goce; para que reciba Sus bendiciones. ¿Cuál es su estrategia para dejar que Dios sea su socio en todas sus decisiones diarias? ¿Cuándo es más fácil saber que Dios es parte de su vida?

15. A usted, como creyente, Dios le dirige para que comprenda lo que significa el llamado en su vida. Un aspecto de este llamado está en Romanos 6:13. En el día de hoy, para muchos el concepto de pecado es anticuado. Si se ofrece a Dios como imperfecto, pero deseando ser un vaso para el bien de Su justicia, ¿qué pensarán los demás? ¿Cuán importante es la opinión de otros acerca de su manera de vivir? ¿Afecta esto su llamado o su responsabilidad?

16. Cada persona que escucha un llamado tiene potencial (posibilidad o habilidad) para crecer. Ese potencial es un regalo de Dios. Algunos creen que lo que escogemos hacer con el potencial es nuestro regalo para Dios. La habilidad no desarrollada es una pérdida de los recursos de Dios. Considere los puntos fuertes y débiles que tiene usted. ¿Tiene la costumbre de revisar delante de Dios sus valores y ambiciones? Uno de los méritos de este inventario de responsabilidades, o un diario, es que tiene contacto con su crecimiento en un período de tiempo. Dios nos anima a crecer en todas las circunstancias de la vida. ¿Cuáles pueden ser algunas maneras de llenar su potencial?

17. Dios está enterado de lo más mínimo en su creación. No se le escapa la caída de un gorrión. El estableció el propósito para su vida mucho antes de que usted oyera Su llamado y antes que

decidiera cooperar con El. ¿Cómo se siente cuando piensa que el Creador escudriñó quién era usted, cómo gasta su tiempo, y su vida de oración? ¿Voluntariamente, hará usted algunas resoluciones para robustecer su relación con Dios?

18. Una canción cristiana contemporánea nos recuerda que Dios llama y usa a "gente sencilla." La única obligación es que la gente sencilla debe estar disponible para Dios. ¿Ha pensado usted lo que Dios puede hacer con una persona con capacidades naturales, si se entrega a El, aunque la persona se considere mediocre?

19. Dios no deja de llamar a los creyentes. El puede hacer un nuevo llamado o dirigir en una dirección diferente. Es imposible escoger cuando se escuchan los llamados de Dios. La base de cualquier llamado es la *obediencia*. Dios requiere obediencia permanente de Sus hijos. La sensibilidad a los llamados de Dios y el crecer en obediencia se expresan en el discipulado. ¿Qué está haciendo usted con su llamado al discipulado? Si hoy se hiciera un examen, ¿cómo se calificaría en el discipulado?

20. Dios no sólo decide llamar a los creyentes; El espera que ellos también Le llamen (Isaías 65:24). Puede clamar a Dios tantas veces como quiera. La Biblia asegura que Dios no sólo se complace, sino que contesta. ¿Cuáles son las grandes e inescrutables cosas que Dios le ha revelado porque usted clamó a El? ¿Cuán al día están sus clamores a Dios?

21. El Espíritu Santo pone en cada creyente un conocimiento interior que facilita la respuesta al llamado de Dios. Casi siem-

28

pre el papel del Espíritu de Dios es animarle hacia el objetivo de Dios. La obra del Espíritu Santo es poner en su mente los nombres de personas y necesidades, hacia las cuales se siente llamado. ¿Cómo se acuerda de aquellas necesidades a las cuales responderá? Esto es parte de su responsabilidad al llamado de Dios.

¿COMO SOY LLAMADO?

22. El principio básico del cristianismo es la doctrina de la salvación. Probablemente han pasado varios años desde que escuchó y respondió al llamado de la salvación. Uno de los desafíos del discipulado cristiano es mantener la frescura respecto al llamado, no permitiendo que se apaguen el gozo y la gratitud por la gracia de Dios. El salmista alegremente proclama en el Salmo 27:1, El Señor "es mi luz y mi salvación." ¿Cómo el llamado a la salvación sigue trayendo luz a su vida?

23. Los hijos de Dios están en constante crecimiento desde el momento que reciben y responden al llamado de la salvación. Dios siempre presenta nuevos llamados a los creyentes. Estos llamados no los escuchan, no los ven, ni los sienten los que no son sensibles espiritualmente. La sensibilidad espiritual aumenta su habilidad para escuchar a Dios. En la escala de uno a diez, ¿cómo clasificaría su capacidad para escuchar a Dios? Considere una situación reciente cuando tenía la seguridad que Dios le estaba hablando. ¿Necesita mejorar su oído?

24. Muchas veces los llamados de Dios son evidentes cuando Lo vemos obrando a nuestro alrededor. Las ocupaciones de la vida pueden impedir que nos demos cuenta de la obra de Dios. Así

como los grupos de personas van a un retiro con propósitos espirituales, quizás necesite un retiro personal para concentrarse en lo que Dios está haciendo en su vida, en su familia, en su trabajo, en su iglesia, etc. Un retiro sólo necesita pocas horas, pero necesita encontrar un lugar libre de distracciones. ¿Cuál será ese lugar? ¿Qué espera al pasar ese tiempo con Dios?

25. Un bebé de tres semanas encuentra poco alimento en el mejor corte de carne. Y muchos adultos tienen una excelente comida con esa misma selección. ¿Cuál es la diferencia? La madurez del que come. ¿Cuánto ha progresado desde el momento cuando era necesaria la leche espiritual? Haga una lista de los pasos de madurez que puede identificar (tales como enseñar una clase de escuela dominical, compartir su fe, etc.) en períodos de cinco años, comenzando desde el momento en que recibió a Cristo.

26. Su sensibilidad al llamado de Dios está aumentando mientras crece en su camino de fe. Así como un ciclista novato aprende a confiar en su sentido de balance, usted está en un viaje de aprender a confiar en Dios. El nunca le llama por equivocación, antes de tiempo o por casualidad. ¿Está confiando en el Señor con todo el corazón como dice Proverbios 3:5? O, si su confianza es parcial, ¿qué hace falta para que ponga su confianza total? ¿Ultimamente vive confiando en Dios?

27. La señal de Pare (Alto) en la esquina es simple, una orden directa, que la mayoría obedece, particularmente cuando un policía está cerca. La obediencia al llamado de Dios es engañosa. ¿Quién sabe si usted está cumpliendo las instrucciones de Dios? ¿Tendrá alguna recompensa alabándose por su resistencia a la dirección de Dios? ¿Cuándo es desobediente,

cuán efectiva o grata o frecuente es su comunicación con Dios? ¿Hay algunas palabras que podría escoger, además de *desobediencia* cuando pierde el interés en Dios?

28. Thomas Merton escribió: "La actividad del Espíritu Santo dentro de nosotros llega a ser más importante a medida que progresa nuestra vida de oración."[1] El conocimiento de la presencia de Dios se aviva por un don que Dios da a los creyentes: Su Santo Espíritu. El le capacita para conocer el llamado de Dios. Con toques suaves e impulsos casuales el Espíritu nos recuerda el plan de Dios. ¿Qué le dice Dios últimamente?

29. Si su vida le deja sin aliento para respirar como si compitiera en un maratón, puede preguntar: ¿Cómo aspiro tener alas como las de las águilas, correr y no cansarme, caminar y no fatigarme? La contestación no es un secreto, pero necesita apropiarse del poder del Espíritu de Dios. Este es el plan de Dios. Esto es el por qué recibió el don del Espíritu al ser salvo. Mencione las mayores áreas de su vida en que necesita la experiencia poderosa del Espíritu de Dios.

30. Gálatas 5:25 exhorta a los creyentes a que andemos en el Espíritu. Cada sección de instrumentos en una banda que marcha, necesita escuchar la dirección del mismo director. Asimismo, los creyentes cooperan con el plan de Dios al prestar atención a Su Espíritu. Piense en los altos y bajos de su vida espiritual. ¿Qué consejo le daría a un nuevo creyente para andar en el Espíritu? ¿Hoy día siente, o no, que anda en el Espíritu de Dios?

---

[1] Thomas Merton, *Contemplative Prayer* (New York: Image Books, 1971), 41.

31. La Palabra de Dios es en sí misma un llamado a las misiones, y por medio de la dirección de Su Espíritu usted puede participar en el plan de Dios. En el libro de los Hechos, las declaraciones audaces de Pedro suceden porque estaba lleno del Espíritu de Dios. ¿Tiene su vida la necesidad o expectativa de una audacia parecida? ¿La gente que le conoce notaría alguna diferencia, si de repente estuviera en un contacto más intenso con el poderoso Espíritu de Dios? ¿Sabe tocar esa fuente de poder? ¿Cómo?

¿CUANDO SOY LLAMADO?

32. Dios puede usar cualquier circunstancia para llamar su atención sobre un llamado. El creyente que busca la dirección de Dios prueba una variedad de actividades para ministrar. El llamado es claro en medio de la actividad, ya que Dios rara vez permite que uno esté aislado cuando hace Su llamado. ¿Qué llamado experimentó en medio del servicio? ¿Necesita colocarse en un nuevo ambiente para ministrar?

33. Los expertos en el desarrollo del niño describen las habilidades específicas del niño de acuerdo a la edad. Se puede anticipar cuando el niño amontona los bloques de madera o identifica los colores o se balancea en un gimnasio. Dios es el experto para el desarrollo de usted. El determina su crecimiento y desarrollo espiritual. El no le llama para hacer una tarea para la cual no está preparado. ¿Qué características de Dios le hacen confiar en Su juicio cuando El le llama? ¿Alguna vez le ha metido El en problemas?

34. ¿Ha olvidado usted el nombre de alguna persona? ¿O por un momento ha perdido el sentido de dirección? La memoria

humana tiene interrupciones ocasionales. Pero Dios quiere asegurarle el éxito cuando obedece a Su llamado. Le provee Su Espíritu para activar su memoria. Juan 14:26 le recuerda que debe depender en el Espíritu Santo. ¿Cómo el Espíritu Santo le aclara o intensifica el llamado de Dios? ¿Cómo puede cumplir el llamado dependiendo en el Espíritu de Dios?

35. Si se ejercita por horas en un gimnasio, seguro que eso le dará vigor a los músculos y la mente. Usted está en un ambiente que le conduce al ejercicio y le guía a la dedicación. Su iglesia tiene un tiempo para adorar, para enseñar y ministrar. Describa la relación entre su participación en la iglesia y los llamados de Dios. ¿Ha experimentado el llamado a través de su iglesia?

36. Hay muchas oportunidades para trabajar en la iglesia. Parece que a los líderes más ocupados se los escoge para otras responsabilidades. ¿Cómo le muestra Dios la mejor oportunidad de servir, de acuerdo a sus dones y habilidades? Alguien dijo: Algunas veces tiene que decir no, a fin de estar libre para decir sí. ¿Es un llamado de Dios cada petición de liderazgo? ¿Cómo lo sabe?

37. Para la frase "participar en misiones" no hay una sola traducción. Puede concentrar su energía en orar por las misiones. Su participación puede ser servir a los marginados de la sociedad. Puede usar sus energías para enseñar a otros. O puede dar abundantemente a las misiones, o puede usar sus vacaciones para ir como voluntario. Puede ser un líder excelente para el estudio misionero, o un fiel guía de los hijos de los misioneros. Las posibilidades son interminables. Hay un llamado para cada uno. ¿Cuál es el más apropiado para usted? ¿En cuál le gustaría estar?

38. La Palabra de Dios es una fuente de riqueza para cualquier creyente que busca seguir el llamado de Dios. ¿Se identifica con Moisés, quien al escuchar el llamado de Dios, hizo algunas preguntas honestas? La pregunta de Moisés, "¿Quién soy yo para que vaya?" también puede ser su pregunta. Dios puede oír y responder cualquier duda que tenga sobre su llamado. ¿Qué temores le limitan su deseo de estar disponible para Dios? Dígaselo a Él en este inventario.

39. Henry Blackaby describe la oración como la invitación de Dios a Su pueblo para mantenerlo orientado. Unos tienen buena memoria. Pero otros tienen que llevar un diario de oración para recordar su viaje espiritual. Nuevos llamados de Dios pueden tomar forma cuando lee lo que escribió hace dos años o la semana pasada. Su vida de oración se enriquece cuando piensa en la fidelidad de Dios en medio de las circunstancias de su vida. Al orar, últimamente, ¿Dios le ha confirmado un nuevo llamado?

40. Algunos miembros de la familia se parecen a otros por la nariz, los ojos, o la barbilla. Cuando uno es sensible al llamado de Dios, encontrará miembros de la familia de la iglesia que le confirman ese llamado. Dios los usa para ayudarle a crecer y aceptar el desafío. Piense en un llamado que haya recibido. ¿Quién le animó y le ayudó a confirmar ese llamado? Si su sensibilidad espiritual está despierta, también tiene la oportunidad de animar a otros.

41. Los consumidores están satisfechos de las cosas y servicios que compran. Una satisfacción igual la tiene el creyente que voluntariamente sigue el llamado de Dios. Al orar a Dios, ¿Le pone excusas, y gasta energías tratando de cambiar la asignación que le da? ¿Qué parte tiene la obediencia fiel al describir su caminar

espiritual? Usted es el único responsable de los llamados que conoce.

¿COMO VIVO EL LLAMADO?

42. La frase familiar "Hasta la vista," significa una larga visita al día siguiente, o simplemente una tarjeta de Navidad cada año. Al orar a Dios, ¿permite que se desarrolle su relación con El? La costumbre de estar en contacto con Dios es un acto intencional del creyente, y no debe considerarse si es conveniente o si se siente obligado. ¿Tiene contacto con Dios tan a menudo como lee el diario o mira la televisión? Hable con Dios acerca de lo que impide su relación diaria con El.

43. Casi siempre las llamadas telefónicas a medianoche son noticias de una enfermedad, muerte, o cualquier otra emergencia. Uno se despierta y responde con ansiedad. Los llamados de Dios suceden a cualquier hora que esté en sintonía con El. Y la respuesta debe ser similar: conocimiento inmediato y voluntad para obedecer. ¿Ha arreglado su vida en una manera radical para responder a Dios? ¿Qué otro ajuste radical siente que Dios quiere que haga?

44. Algunas personas toman decisiones enumerando los pro y los contra. Si los puntos positivos son mayores que los negativos toman la decisión. Los llamados de Dios no se discuten. Pocas veces hace un llamado que necesita una respuesta múltiple. ¿Cómo puede saber cuál es la respuesta adecuada? La Biblia contiene verdades profundas y eternas de Dios. ¿Cómo se relaciona el tiempo que gasta en estudiar la Palabra de Dios con la decisión que hace? Mencione versículos de la Biblia que le han guiado a responder al llamado de Dios.

45. En béisbol, algunos entrenadores son accesibles a los jugadores. El entrenador de la tercera base instruye al jugador para que avance al *home plate*. El entrenador de Dios para los creyentes es Su Santo Espíritu. Una manera en que escucha y conoce la voluntad de Dios y Sus llamados es por medio de Su Espíritu. ¿Cuáles son sus planes para crecer en sensibilidad al toque del Espíritu Santo? ¿Qué papel tiene el Espíritu en el plan de su vida?

46. Las celebraciones de cumpleaños, Acción de Gracias y Navidad son fechas de muchas expectativas. La anticipación llena de gozo. La Palabra de Dios asegura que Dios tiene un plan para Su creación. ¿Cuán entusiasmado está acerca de lo que Dios tiene para usted? Los planes de Dios se basan en Su soberanía y poder. Su plan hace provisión para todo aquel que responde a Su llamado. ¿Cómo se siente al tener la seguridad de que el Dios Todopoderoso tiene un plan para su vida? ¿Confía en la habilidad para llevar a cabo sus planes? ¿Cómo vence sus dudas?

47. ¿Se ha preguntado dónde está Dios trabajando, para unirse a Su obra? Al crecer en sensibilidad hacia las señales de Dios en su vida, va a vivir el espíritu de 1 Corintios 3:9 y llegar a ser un auténtico colaborador de Dios. Ciertamente la dirección divina es preferible a cualquier otro plan. Mencione varias áreas de su vida donde Dios está trabajando. ¿Cómo puede cooperar mejor con el plan de Dios? ¿Lo hará?

48. A los creyentes "superactivos" les puede ser muy difícil permanecer quietos, aunque estén inseguros acerca de la dirección que Dios quiere que sigan. Estar activo en cualquier dirección es

preferible a tener que esperar. Sin embargo, a veces el llamado de Dios es para pausar, donde esté. En el tiempo de Dios, El revelará la siguiente actividad. ¿Cómo evalúa su buena voluntad para esperar la dirección de Dios? ¿Puede recordar una verdad que Dios le ha enseñado al esperar? Medite en el Salmo 130:5.

49. Así como los padres enseñan a sus niños el significado de un comportamiento responsable, Dios enseña a Sus hijos sobre la mayordomía de la vida. Los diferentes llamados que Dios le da son una invitación para que responda. Dios es el único que registra sus respuestas. Hebreos 4:13 se relaciona con la omnisciencia de Dios. Describa su deseo de que Dios escudriñe su responsabilidad a Sus llamados. ¿Cuál es su actitud? ¿Gozo? ¿Disposición? ¿Podría mejorar?

50. Uno de los más grandes beneficios de conservar un diario espiritual es mirar atrás donde estuvo hace un mes a hace cinco años. A medida que crece en su despertamiento, brotan los dones que Dios le ha dado. El uso de sus dones lo puede observar al revisar las páginas de su diario personal, que es una descripción escrita de su voluntad de obedecer a Dios. ¿Cómo expresa su vida su creciente sensibilidad hacia Dios? ¿Tiene algún deseo o plan para crecer en el futuro?

51. Alguna vez, sinceramente le ha dicho a otra persona: "Avíseme si hay algo en que pueda ayudar." Usted estaba ofreciendo su tiempo y energía para responsabilizarse en las necesidades de esa persona. La disponibilidad tiene un precio. Le pueden llamar en un momento inoportuno o le pueden pedir un servicio que no le agradaría. Disponibilidad al llamado de Dios es ser un cristiano maduro. Si un fin de la imagen espiritual del

creyente es estar disponible para Dios, necesariamente el otro fin
sería el control personal. ¿Cuán cerca está en su disponibilidad
hacia Dios? ¿Quiere estar disponible?

52. Una vez que sepa que el llamado de Dios está en acción ince-
sante, usted comenzará a sentir la presencia de Dios en cada
aspecto de su vida. Si ha limitado su diálogo espiritual a un
tiempo específico en la mañana o en la noche, ¿no le emociona la
posibilidad de estar con Dios aun en los aspectos seculares de su
vida? Un libro clásico espiritual, que trata acerca de practicar la
presencia de Dios, cuenta que el Hermano Lawrence, en el
monasterio, sentía la presencia de Dios aun mientras pelaba
papas. La responsabilidad de usted para contestar incluye los
llamados que Dios le hará de acuerdo a Su tiempo. Búsquelo
aun en los momentos rutinarios o normales de su horario. Dios
está allí. El le llama. Y usted es responsable.

PLAN DE ENSEÑANZA
LLAMADOS . . . RESPONSABLES

Antes del estudio
1. Lea todo el Plan de Enseñanza y escriba lo que debe preparar antes del estudio.
2. Aliste a las personas que va a necesitar que le ayuden en el estudio.
3. Ordene las copias del libro *Llamados . . . Responsables* para cada participante, o que cada uno compre el libro con anticipación, o antes de comenzar el estudio. (Los libros están disponibles en las librerías bautistas). Para obtener crédito del Curso de Estudio, los participantes deben leer el libro y haber asistido a dos horas y media de clases. Para el estudio individual, cada persona debe completar el inventario de responsabilidad.

Actividades introductorias (10 minutos)
Escoja una de las siguientes actividades:

•Copie la página del título *Llamados . . . Responsables*, para cada dos participantes que espera que asistan al estudio. Corte cada copia por la mitad, usando un corte diferente de zig zag en cada hoja.

Cuando las personas entran al salón, dé a cada uno la mitad de una hoja. Pídales que se unan a otros participantes hasta encontrar la otra parte de sus hojas. Después que completan la hoja, que le pidan a su compañero que diga: *a)* una cosa que se siente llamado a hacer, y *b)* que mencione por lo menos tres personas a quienes es responsable.

•Coloque un cartelón a un lado del salón que diga: *Soy llamado a* _____. Coloque otro cartelón al otro lado del salón que diga *Soy responsable a* _____. A cada participante que entra pídale que se detenga al pie de uno de los cartelones y que diga cómo completaría la frase.

Durante el estudio
Para la presentación del estudio use un *rotafolio* o un proyector de transparencias. Las líneas que están en letra negrita cópielas en el rotafolio o en una transparencia, en el orden que se presentan. Para completar las actividades use el inventario numerado. Refiera a los participantes a la Parte 2 del libro.

1. **¿Qué significa ser llamado y ser responsable?** Introduzca el estudio y el libro. Pida a los asistentes que lean Romanos 1:6; 1 Corintios 1:1-2; Efesios 1:1-6,18; 4:1; 1 Tesalonicenses 1:4; 2 Tesalonicenses 1:11. Que cada persona escriba las palabras usadas que significan "llamado."

2. **¿Por qué nos llama Dios?** Repase la introducción. Cuando se trate cada punto, dé las respuestas: 1) Para alcanzar Su propósito en el mundo; 2) Para prepararnos para la eternidad; 3) Para desarrollar el carácter.

3. **¿Qué significa el llamamiento?** Refiera a los participantes al número 2 del inventario y que escojan un compañero y contesten las preguntas.

4. **Relación.** Revise la sección del llamado a una relación, página 3. Pida a los participantes que recuerden ejemplos bíblicos donde Dios presenta la relación de amor. Escriba las respuestas en el rotafolio o en el proyector de transparencias. Pídales que miren el número 4 del inventario y piensen y respondan en silencio sobre esta relación.

5. **Es redentora.** Revise esta sección. Mencione las historias de las personas que escucharon el llamado de Dios a las misiones.

6. **"Cada cristiano es llamado por Dios para salvación, y en ese llamado está el llamado a ser misionero. Esto es lo que significa ser llamado."** Pregunte a los participantes si están de acuerdo o no con esta declaración. Dirija un diálogo acerca de las respuestas.

7. **"En cada generación, en cada lugar, Dios salva a alguien, lo desarrolla como Su hijo y lo hace partícipe de las misiones. Esto es lo que significa ser llamado."** Pregúnteles si están de acuerdo o no con esta declaración.

8. **Llamamiento, invitación, elección.** Revise los puntos que señalan el llamamiento de Dios a Noé; la invitación a Moisés; y la elección de los discípulos.

9. **Misiones voluntarias.** Escriba a Voluntarios en Misiones (Junta de Misiones Foráneas, P. O. Box 6767, Richmond, VA 23230; o Junta de Misiones Domésticas, 1350 Spring Street, NW, Atlanta, GA 30367) para que le envíen una lista de las necesidades actuales. Revise las necesidades. Lea en el Calendario de Oración (en *Nuestra Tarea*) los nombres de las personas que cumplen años el día del estudio. Pida que los participantes hagan una lista de lo que los misioneros de carrera tienen que abstenerse para servir a Dios en los campos misioneros. O, pídale a una persona de la iglesia que ha servido como misionero voluntario que comparta su testimonio.

10. **La obediencia siempre va junto con el llamado de Dios.** Refiérase al número 7 del inventario. Pida a los participantes que respondan silenciosamente.

11. **"El llamado hace que participe con los miembros de la iglesia."** Recuerde cómo su iglesia apoya a los misioneros. Lea en voz alta el número 11 del inventario. Que las personas respondan a las preguntas.

12. **Capítulo 2: ¿Quiénes son los llamados?** Dirija al grupo a una discusión de acuerdo al número 12 del inventario. Den una mirada al capítulo 2.

13. **Gente sencilla.** Obtenga una lista de las oportunidades para servir en su comunidad. Haga un cartelón o distribuya esta lista, junto

con las historias de Arturo, Marion y Melvin. Permita un tiempo para la reflexión personal usando el número 18 del inventario.

14. **Les enseñó, los entrenó, los guió, los animó, les dio poder, los preparó.** Haga una lista de estas palabras, y que sean descubiertas una por una. Refiérase a las páginas 8-9 y a Juan 17 y hablen sobre cómo Jesús trabajó con Sus discípulos y cómo lo hace el día de hoy.

15. **Responder al llamado de Dios.** Pida a cada participante que haga una lista de las necesidades y las respuestas, usando como guía el número 21 del inventario.

16. **Capítulo 3: ¿Cómo soy llamado?** Diga cómo ha sentido el llamado de Dios en su vida. O anime a otros a decir sus experiencias.

17. **"¡Sí, Señor!"** Discuta el impacto de decir sí al señorío de Cristo. Que los participantes encuentren un compañero y trabajen juntos en el número 23 del inventario.

18. **Escuchar, seguirle y unirlos a Él, entenderle y obedecerle.** Cuando mencione al grupo cada uno de estos puntos, lea los versículos de la Biblia que se relacionan (ver página 10).

19. **Prepararse para el llamado de Dios.** Dirija un diálogo sobre los puntos de la página 11 que se relacionan con el cumplimiento del llamado de Dios. Prepare unas tiras de cartulina usando la primera frase de los puntos mencionados y muestre cada declaración al discutirla. Dirija a los participantes a completar en silencio el número 25 del inventario.

20. **Crear la atmósfera.** En las páginas 11-12 se habla de crear una atmósfera espiritual en la iglesia y el hogar. Dirija un torbellino de ideas acerca de la manera de crear esta atmósfera.

21. **Capítulo 4: ¿Cuándo soy llamado?** Pida que compartan con sus compañeros las respuestas al número 32 del inventario.

22. **En el momento del llamado / Como resultado del llamado.** Divida la hoja del rotafolio o la transparencia en dos columnas con estos encabezamientos. Usando las citas bíblicas de la página 14 pida que determinen de cada uno de estos ejemplos (Moisés y los ancianos, los jueces, David, etc.) qué estaban haciendo en el momento del llamado y los resultados. Escriba las respuestas.

23. **"Una vida llena del Espíritu es la vida normal del cristiano."** Lean los versículos bíblicos de la página 14 que se relacionan con la actividad del Espíritu Santo en la vida del que ha sido llamado.

24. **"El Cristo amoroso está presente en la iglesia, y cada miembro ayuda a los demás a conocer y hacer la voluntad de Dios."** Comenten sobre el papel de la iglesia en la vida de los llamados (página14). Pida que respondan en voz alta al número 40 del inventario.

25. **(Haga una lista de los cuatro puntos del último párrafo del capítulo 4.)** Lean el punto 1; dialoguen sobre el número 38 del inventario. Lean el punto 2: dialoguen sobre el número 39. Lean punto 3; mediten en silencio en el número 37. Después de leer el punto 4, anime a las parejas para que contesten el número 35 del inventario.

26. **Capítulo 5: ¿Cómo vivo el llamado?** Dialoguen sobre el número 44 del inventario y haga una lista de los versículos de la Biblia que han guiado a los participantes a responder al llamado.

27. **(Haga una lista de los tres puntos principales del capítulo.)** Use las tres respuestas a las preguntas del capítulo como bosquejo para revisar el contenido.

28: **"Dios nos llama y produce en nosotros el querer hacer Su voluntad y nos capacita para hacerla."** Guíe a los participantes en un período de meditación en silencio y de compromiso, con la ayuda de los números 47 y 48 del inventario.

29. **Como conclusión,** pida que los participantes compartan, unos con otros, sus planes para ser más responsables al llamado de Dios. Termine con una breve oración.

Henry Blackaby fue, por muchos años, pastor y director de misiones a nivel de asociación en Canadá. Ahora él trabaja con la Junta de Misiones Domésticas, CBS, en el área de oración y despertamiento espiritual. El es un reconocido orador, maestro de Biblia y líder de conferencias.

Joyce Mitchell, es directora ejecutiva asociada, Sistema de Servicios Misioneros, Unión Femenil Misionera, CBS; graduada del Seminario Teológico Bautista del Sur, en Louisville, Kentucky; y líder de educación misionera a nivel estatal y nacional.